REFLEXION

SUR

LA VANITE' OUTRE'E

des Peres Capucins qui font au
Louvre, gravez dans un Laboratoire, & inferez dans le Mercure Galand.

1679. T. 880

REFLEXION SVR LA VANITE'

outrée des Peres Capucins qui sont au Louvre, gravez dans un Laboratoire, & inse-
rez dans le Mercure Galand.

MONSIEUR,

Depuis que je vous fis sçavoir mon
sentiment sur le discours apologétique
de ces bons Peres, dont ils se pouvoient bien passer, pour ne se point
attirer des affaires qui pourroient les
détourner de leur travail infructueux,
pour ne pas dire préjudiciable au public; ils ont encor assez de front pour
soûtenir fierement leur rôlle, aprés
avoir écrit tant d'impostures, de sup-
positions, & raisonné si pauvrement;
ils se tiennent encor fermes, ne vou-
lans pas avoir le dernier, se persua-
dant par leurs entestemens, que l'on
ne poussera pas jusques aux derniers
éclaircissemens, tout ce qu'ils ont

avancé avec tant d'ignorance & de
malice: vous verrez qu'ils ont dépouil-
lé leur interieur de ces grandes Vertus
Chreftiennes, de l'humilité, de la
charité, & de cette docilité refpe-
ctueufe ordinairement annexées aux
gens de leur robe, qui fous des apparences trompeufes & modeftes devoit
pour jamais étouffer la vanité, l'amour
propre, & la prefomption dont ils
font fi tumefiez, pour pretexter leur
liberté hors des Convents; ce qui ne
feroit pas mefme pardonnable à d'autres Seculiers qui voudroient exercer
une profeffion à laquelle ils ne fe fe-
roient appliquez que dans la veuë d'a-
bufer le public, & paffer les bornes
de leur condition; que l'on fouffre
neanmoins impunement aujourd'huy,
que l'on aplaudit & authorife d'un air
fi violent que les gens les mieux fenfés
ne font pas receus à détromper, mefme ceux qui fe piquent du bel efprit,
ou qui y pretendent par leur caracte-
re, ou par la frequentation des Ruel-
les, qui affectent de fe faire mettre
dans des Gazetes plus ferieufes &

moins galantes que celle du Mercure Galand, penſant faire éclater des actions qui meriteroient pluſtoſt de continuelles railleries que des applaudiſſemens, en prouvant par ces ſortes d'affectations la dépravation du goût du ſiécle, qui va encor preparer une nouvelle Scene quand celle des Peres ſera finie.

Pouvez-vous concevoir quelque choſe de plus hardi, de plus vain & de plus inſolent que ce que ces bons Peres ont fait en ſe faiſant effigier & graver au milieu d'un Laboratoire rempli de fourneaux, dont ils n'ont jamais connu la fabrique, ny les termes dont on ſe ſert dans la Chimie pour leurs conſtructions? Penſez-vous qu'ils ayent fait reflexion ſur ce qu'un-chacun ſçait que l'on leur a donné de gens verſez dans ces matieres, qui ont fourni les Livres des grands Chimiſtes pour y chercher les termes qui ſont imprimés par renvoy. Ces bons Peres ont-ils le cerveau ſi penetré de la fumée de leurs fourneaux, les fonctions intellectuelles ſi embarraſſées qu'ils ne puiſſent pas

demeurer d'accord de l'inutilité de
ce grand apareil, pour le peu d'operations qu'ils pretendent fçavoir faire;
il ne resteroit plus qu'à les faire mon-
ter sur le Theatre en Saltinbâques, afin
qu'estans vûs encor de plus haut &
d'une maniere plus élevée, la vipere
dans une main, le crapaut dans l'autre,
ils pussent en s'aplaudissant s'écrier é-
frontement *pulchrum est digito monstrari &
dici hi sunt* qui prêchent tout un autre
Evangile que celle pour laquelle ils
avoient esté envoyez si loin, & qui de
grands & de zelés Missionaires sont
revenus Medecins travestis. Cette
continuation de vanité rapelle fort à
propos dans ma memoire la Fable de
l'asne, qui se trouvant accompagné
d'un coq qui chantoit, aperçeut quelques Lions dans la plaine qui fuyoient
devant luy, il redoubla en même temps
sa fierté s'imaginant qu'il estoit la ter-
reur de ces redoutables & vaillants
animaux, courut apres la queuë haute,
les oreilles dressées en devant, rele-
vant & ridant la babine superieure,
montrant les dents, faisant la petara-

& en brayant plus fort que ne fit jamais celuy du bon Pere Silene entouré des bachantes qui le mettoient en humeur au son des tambours à Bifcaye & des fifres ; mais ce fot animal en pourfuivant un peu trop fa pointe, la voix du coq n'eftant plus entenduë des lions, ils retournerent fur l'afne dont il fut la proye, comme ces bons Peres le feront un jour de la penitence quand le coq ne chantera plus & qu'ils fe verront, par la fuitte inévitable de leur ignorance decouverte, abandonnez de cette haute protection que l'on revere, dont ils abufent dépuis fi long-temps, jufques à fe faire effigier en Charlatans dans un Laboratoire artiftement gravé : / Je voudrois bien leur demander, s'ils pretendent en paffer pour plus habils, & augmenter cette efpece de fafcination des ames vulgaires par cette fafteufe decoration, & cette quantité d'uftanciles qui frapent les yeux & flattent l'imagination des idiots, & faire donner inceffament dans leurs panneaux ceux même qui fe croyent fort éclairez pour moy j'ay-

merois autant voir un valet d'un grand
Bibliothequaire, ou un garçon Libraire
passer pour grands docteurs , parce
qu'ils seroient gravés & figurez prome-
nants dans une belle Bibliotheque ou
une Boutique bien remplie de livres,
dans lesquelles ils ne seroient preposés
que pour espoudrer les volumes , tenir les lieux propres & les Livres bien
arangez : Car ces bons Peres par la
confession des sçavants Artistes, sçavent si peu de choses que l'on peut asseurer sans les calomnier, & leur faire
aucun tort, que l'exaltation de leurs
esprits n'a surpris personne, que la pre-
cipitation n'en est pas difficile à faire.
Ils ne sçavent rien que la routine de
quelques operatiõs aisées, au-delà des-
quelles il ne faut pas pretendre les
pousser si vous ne voulez affecter leur
confusion; mais s'ils vouloient prendre
un bon party , ce seroit celuy de se
taire, s'ils le peuvĕt, & de passer en souf-
frances les trois articles qui pourroient
leur avoir déplû ; sçavoir l'ignorance, la malice & l'imposture , termes
dont on ne pouvoit s'abstenir pour bien

ex-

exprimer la verité : l'ignorance sur les qualitez du vin émetique, la malice pour avoir dissimulé & tû les trois saignées qui visiblement rendirent la vie à Mr. le Duc de Chartre, & l'imposture par les remercimens qu'ils ont avancé avoir receu de Messieurs les Medecins ; pouvoit-on s'énoncer plus honnestement & plus simplement, puisque l'on pouvoit encor y ajoûter quelque chose de pire & d'aussi veritable, en tirant une consequence tres-infaillible du peu d'estime que l'on a fait d'eux & de leurs remedes, parce que l'on ne s'est plus servi d'eux, & qu'au volume de leur barbe *in folio*, on a commis le rétablissement de la santé du Prince à la conduitte & aux remedes du soit-disant Medecin Anglois, qui ne l'est d'aucune Faculté, n'ayant aucune litterature n'on-plus qu'autre fois Barbereau valet de chambre de deffunt Mr. Hachet Conseiller au Chastelet de Paris, d'ont il n'est plus fait de mention, & le Medecin de Bancfs qui furent faits Medecins de la méme manie-re non pas *ad honores sed in artis dedecus &*

contemptum. Apres cela permis aux bons Peres de se glorifier, & de se croire grands Medecins de la cuvée de ces derniers, & de continuer leurs intrigues pour se souftraire à la correction & l'obeïssance; du moins ils ne me blâmeront pas *in foro conscientiæ* puis qu'ils pourront demeurer d'accord que *damnare licet si Mederi non licet,* & si ce n'est pas leurs sentimens, ils trouveront bon que je leur en rende la raison qui est que *nesciunt errasse superbi* & qu'à leurs égards *superbia eorum ascendit semper,* par la regle incontestable & apliquable à nôtre sujet *corruptio optimi pessima.* Apres tout cela ne serez vous pas étonnez de leur orgueil, de leur opiniatreté & auriez-vous jamais crû que des Religieux Capucins auroient pû avoir tant de bonne opinion de leurs merites & capacité, vous en serez parfaitement convaincus si vous l'isez encor les repliques suivantes & vous conclurez que *debent palam redargui ac in occulto noceant.*

REPONSE A LA REPLIQVE
des Peres Capucins.

MONSIEUR,

Par la Replique des Peres Capucins
vous connoiftrez qu'ils font fi efpou-
vantés du phantofme du Medecin
qui leur eft apparu, qu'ils ne fçavent
ce qu'ils difent; vous y remarquerez
un efprit de vertige qui les poffede,
& peut-étre que fi on examinoit tout
ce qu'ils ont fait dans le païs d'Outre-
mer, dont ils fe vantent d'avoir rapor-
té quafi le fecret de l'immortalité du
corps ; l'on trouveroit qu'en voya-
geant ils auroient bû par curiofité de
l'eau de ce lac d'Æthiopie qui trouble
tellemét l'efprit & le jugement de ceux
qui en tâtent, que fans faire aucune re-
reflexion à ce qu'ils difent , ils parlent
cótinuellement, mais c'eft fi fort en s'é-
cartâtdu bon fens, qu'il eft aifé d'obferver que dans toute la replique il n'y a
pas un feul raifonnement d'eftabli ni
aucune confequence tirée fur les preu-

ves qu'ils devoient fortement avancer; vous ni remarquerez que le langage & l'expreſsion ordinaire descharlatans & ſeducteurs du public.

Premierement ils diſent que l'Auteur de la replique à l'Apologie des bons Peres, *n'eſt qu'un phantoſme, au plus un pretendu Medecin qui n'a pas plus de capacité qu'un garçon Apoticaire*; mais ils n'ont pas eu l'eſprit d'en ajouter la preuve, veu qu'il n'y a rien de plus facile que de confondre un phantoſme & un pretendu Medecin, quand on eſt veritablemét Philoſophe ou Medecin, & que l'on eſt maiſtre de l'eau benite : qu'ils diſſipent donc la viſion de ce phantoſme qui les importune & qui les ſuivra en tous lieux s'ils ne ſe taiſent, qui les aſſeure par la preſente que *omnibus umbra locis aderit* & que *dabunt improbi pœnas*. S'ils avoient eu un peu de jugement ils auroient allegué pour la preuve de la petite capacité du pretendu Medecin (qui n'eſt qu'un peu au deſſus d'un garçon Apoticaire) la raiſon aparante qu'ils ont mis plus bas ſans l'avoir compris, & auroient pû mettre l'argument en forme, s'ils avoient esté seulement initiez de la Philosophie, ou du moins ils auroient tiré une consequence telle quelle pour paroître raisonnans devant les gens de leur force, en disant comme ils ont fait; *Le pretendu Medecin a repris puerilement que ces bons Peres n'avoient gueris que des Crocheteurs, Laquais & Soldats, comme si le corps des gueux êtoient diferens de ceux des riches, ou que ce pretendu Medecin ait fait par l'Anatomie quelques nouvelles découvertes des parties dans les gueux qui ne se trouvassent pas dans les riches.* Cela auroit pû surprendre d'aussi grands idiots que ces Peres, & faire conclure à la petite capacité du garçon Apoticaire; mais on leur auroit aussi-tôt répondu, comme on répond pour les convaincre d'une ignorance crasse, que leur capacité & leurs raisonnemens sont encor infiniment au-dessous de celle d'un garçon Apoticaire; puis qu'ils ignorent & ignoreront toute leur vie, que les fonctions vigoureuses des parties qui font ces resistances surprenantes contre les medicamens violans & quasi veneneux, ne dépendent pas seulement de leurs existences, ou de ces nouvelles ou anciennes découvertes, & égales dans les miserables comme dans les plus fortunez qui les rend plus fortes dans les uns que dans les autres, mais de la seule vigueur de leur temperament; ce qui fait que les Crocheteurs, Laquais & Soldats sans diferantes parties, boiront plus de pintes de vin ou d'eau-de-vie, que ne feront de verres tous les Princes & Seigneurs de la Cour en leur particulier. Ces bons Peres (par exemple) souffriroient aussi plus de mille coups de discipline, qu'un Seigneur n'en souffriroit seulement la pensée, & ce ne seroit pas par la nouvelle découverte des parties des épaules conformement au pitoyable raisonnement de ces Philosophes d'Ægypte que le pretendu Medecin auroit fait, qui feroit conclure à une verité si essentielle, mais la dureté & l'habitude des mêmes épaules propres à supporter ces sortes de fatigues, que la delicatesse du temperament des gens de qualité ne peuvent souffrir; donc ces zelez ignorans n'ont jamais penetré ces sortes de raisons, &

n'ont jamais eu assés de judiciaire pour établir la preuve de ce qu'ils ont non pas puerilement avancé, mais comme des visionaires qui ne sçavent ce qu'ils disent, ny pourquoy ils le disent.

Quant aux citatiõs faites de gens de qualité qu'ils pretendent avoir tiré d'affaires; c'êtoient toutes personnes plus qu'à demi gueris, auquels il ne manquoit qu'un peu de patience, pour surmonter plûtost leurs chagrins que la grandeur de leur mal; car ils n'ont pas assez d'insolence pour soûtenir qu'ils les ayent traitez dans l'abord ny dans la vigueur de leurs maladies, mais à la vraye maniere des coureurs & batteurs de campagne qui arrivent au declins & quand tout est disposé au mieux, qu'il ne reste plus que la mauvaise humeur des malades produite ordinairement par l'opiniatreté des longues maladies, ou le dessein malicieux de faire une querelle d'alemand aux Medecins, pour éviter mille reconnoissances ausquels la bien-seãce pourroit les engager. Je vous prie de suivre ces nouveaux Philosophes à la grande barbe qui reſſemblent bien moins aux Diſciples & Sectateurs d'A-riſtote qu'aux enfans à la bavete, leſquels au défaut de la raiſon & de bonnes démonſtrations, veulent toû-jours parier ſans jamais mettre au jeu, quand on s'oppoſe à leurs petits ſenti-mens, témoignages inconteſtables de la foibleſſe de leurs eſprits, & langa-ge ordinaire de tous les ignorans, & de ces Tabarins qui montent ſur le Theatre en avançant comme font fort ridiculement les bons Peres ; *que les Medecins prennent autant de malades qu'eux, ils gageront d'en guerir plus que ſes grands Doc-teurs, que leurs remedes ſont également bons aux ſains & aux malades puis qu'ils en prendront les mẽmes doſes que les malades ſans en eſtre incom-modez:* pût-on dire des choſes auſſi im-pertinentes, eſt ce ainſi que l'on rai-ſonne,& pût-on ſouſtenir un menſonge ſi épouventable,ſi ce n'eſt par la licen-ce que prennent les gens qui ont levé le maſque de la pudeur pour ſoûtenir avec la derniere impudĕce un fait ſi aiſé à juſtifier dans le contraire. En voici la preuve évidente & ſans replique par ce qui eſt arrivé dépuis peu en la perſonne de Mr. le Baron Daulnai qui avoit envoyé demander de leurs Remedes, mais estans follicitez en méme temps d'en vouloir prendre une dofe pour s'asseurer de l'innocence vantée, ou pour en obferver la quantité pour la dofe, ils refuferent d'en prendre fans hefiter au refus, ce qui fift conclure judicieufement au malade que leurs remedes eftoient trops violens & trop chauds, & n'en voulut point prendre ; Monfieur le Marquis de Gourgues fon gendre en pût rendre un fidel témoignage, puis que ce fût luy-méme qui fe tranfporta au Louvre pour prier ces bons Peres d'en faire l'épreuve devant luy afin de prefenter à Monfieur fon Beau-pere ce remede fi benin & fi efficace fans fcrupule ; apres cela ils ne rougiront point d'avancer fi éfrontement qu'ils en prendront autant de dofes que les malades.

Pouffons plus avant leur maniere de raifonner, car ils croient que pour nier qu'ils n'ont point connu tous les morts ou languiffans citez avec tant de circonftances, par la vertu miraculeu-

se de leurs drogues, qu'ils en sont
quittes, que l'on passera cette nega-
tive pour de fortes raisons; que l'on
ajoûtera foy à leurs paroles, & que
cela suffira pour détruire une verité si
bien établie.   Il faut encor leur en citer d'autres de plus fraîches dates par
nom & surnom, afin de sonder à fond
leur interieur, & faire connoistre au
public leur mauvaise foy. /Oseront-ils
dire qu'ils n'ont jamais connu la belle
& jeune Madamoiselle Chaillou de-
meurante proche le sepulchre, morte
comme empoisonnée par leurs Remedes, Madamoiselle Guitart fille d'un
Tresorier de France à Bourges morte
de mesme maniere, Monsieur de Mer-
senne homme de probité, d'honneur,
& tres-employé en estoit le Medecin
devant l'aproche fatale des Capucins;
Monsieur Boivin ami de Monsieur de
Calpatri, qui n'étoit marqué que pour
languissant dans la Replique à l'Apologie des bons Peres, mourut peu de
jours aprés.   Par la mesme conduite
Monsieur le President Dorieux en a
pensé mourir, & fut obligé de rappel-

ler ſes Medecins ordinaires pour éteindre le feu qui le devoroit ; Madame Bachelier Beaubourg reduite dans un eſtat deplorable, Monſieur le Vicomte de Marſilly accablé d'un mal de teſte inſupportable qui a duré un temps exceſsif, aprés avoir donné malheureuſement croiance à ces remedes ſtigiaux (peut-être encor que cette derivation ne leur plaira pas plus que la plebecule , mais on n'en croira pas eſtre moins Grammairien) & bien d'autres que l'on reſerve quand ils auront autant de front que de barbe pour nier qu'ils ne connoiſſent point tous ces malades ſi bien marquez de toutes manieres ;) je demenderois volontiers au public s'il pût conclure autre choſe d'une conduite ſi aveugle, ſi temeraire & ſi abuſive , ſinon que ces bons Peres ſont trop bien nourris pour ſe tenir en repos ; que la bonne chere eſt extrêmement oppoſée à leur profeſſion ; encor plus à leur ſalut & à l'eſprit de cette ſageſſe qu'ils affectent parce que *Opimitas ſapientiam impedit, exilitas expedit* ; c'eſt pourquoy

il faut les renvoyer au lieu de Penitence, & les éloigner du Soleil pour les
faire rentrer dans cette belle pensée
de Seneque qui les avertit si bien que
fortuna quos fovet stultos reddit, afin qu'ils
évitent les loges des petites maisons
qui ne peuvent leur manquer dans le
sens literal de ce sage Philosophe.

Poursuivons les raisonnemens de
ces Docteurs sans étude qui ne hesi-
tent pas à prononcer *qu'ils guerissent les*
disenteries & les flux hepatiques avec les hie-
bles & l'opium qu'ils preparent d'une maniere à
eux - seuls revelée (asseurement par le
S. Esprit) de même que les hydropi-
ques par la coloquinte & la brione,
en faisant, disent-ils, faire l'évacuation
par les urines, voulez-vous de plus
belles apparences de Doctrine &
d'experiences consommées, des remedes plus infailllibles & plus propres
à faire des miracles aux yeux des
idiots du siecle ; mais aussi pût-on
s'exprimer avec plus d'insolence, avec
si peu de jugement & donner des mar-
ques d'une ignorance plus fiefée &
plus grossiere, puisque ces Touma-
tourges

rourges gueriffent ce qui n'eft jamais entré dans l'efprit de perfon-
ne qui fçait parler jufte & Medc-
cin, qui eft de guerir les genres, fans
s'arrefter aux efpeces ni aux differen-
ces des caufes, dè forte qu'ils ne font
point de façon d'affeurer tout le genre
humain, *qu'ils gueriront les hydropiiques en
faifant faire l'évacuation par les urines.* Ie voudrois fçavoir d'eux fi la trinpanite fe
peut guerir par l'évacuation des urines, fi les difcenteries & les flux hepatiques fe peuvent arrefter par un
mefme Remede, puifque les caufes
en font fi differentes aufsi bien que
leurs efpeces, & les parties affectées;
donc ces bons Peres gueriront les
hommes fans s'attacher à Pierre, Iean,
Marie ou Magdelaine ; les Tabarins
& les Charlatans du bout du Pont-neuf
pourroient-ils debiter plus de fotifes
fur le Theatre, un Sçavant a-t'il jamais
parlé de la forte , un veritable Medecin a-t'il jamais dit quãd il a voulu parler correctement, qu'il guerira un genre comme l'hydropifie, qui a tant d'efpeces , dont les unes font gueriffables

quoy que difficiles, & les autres abſo-
lument mortelles ; neanmoins d'un ton
fier ils prononcent ſur toutes ſortes de
maladies : ils ne meritent pas une critique ou inſtruction ſcolaſtique, ils ſont
trop vieux & trop ſuperbes pour rece-
voir l'impreſſion des beaux ſentimens,
trop indiſciplinables pour profiter des
doctes remontrances que l'on pourroit leur faire ; leur cerveau eſt trop
deſſeiché par le feu des fourneaux &
la fumée du charbon ; l'ineptitude aux
belles ſciences leur en a fermé l'entrée
& a pris cal chez eux, il n'y a plus
rien a eſperer , leurs connoiſſances
ſont bornées à trés-peu de choſe, ſans
cela on pourroit par charité en uſer
mieux qu'ils n'ont fait (en n'oſant citer
les bons livres qu'ils ont lû ſur l'Antimoine,) en leur indiquant celuy de
l'Antimoine triomphant, compoſé par
un des grands genies de la Faculté de
Paris, qui a merité l'honneur pour ſa
grande capacité & experience d'eſtre
le premier Medecin de Monſeigneur
le Dauphin, dont le nom & la reputa-
tion retentiſſent par-tout.   C'eſt l'Il-

luſtre Monſieur Renaudot ; que ces bons Peres aillent à ſon école. pour apprendre à parler de l'Antimoine & pour abjurer leur hereſie en Medeci-ne, s'ils ne veulent continuer le ſeque-ſtre de leurs Convens , c'eſt dans cet-te ſource fœconde de doctrine qu'ils puiſeront des maximes bien differen-tes de celles qu'ils pratiquent, & qu'-ils apprendront que s'il eſt intervenu Arreſt de la Cour en faveur de l'Anti-moine , que ce n'a point eſté pour de-cider par le Parlement de la qualité du Vin émetique, comme ils l'ont conçu & niaiſement exprimé, mais bien au-thoriſer l'avis uniforme de toute la Fa-culté & rendu en leurs preſences , tou-chant les grandes utilitez & les beaux effets du vin émetique que la chaleur de cinq ou ſix Docteurs ſeulemét pre-venus contre, ſe mettoient en teſte de contrequarrer, quoy que toute la France dans le temps de ce Schiſme de la Medecine eût l'obligation à ce grand Remede, & à ce ſecours quaſi divin de la vie de noſtre grand & invin-cible Monarque.

Ce petit nombre d'Oppoſans ſuffit à ces affreuſes copies de l'original des Philoſophes, pour faire en continuant leurs manieres de raiſonner , tirer des conſequences abſurdes, & ſoûtenir que l'Auteur de la replique *s'eſt contredit en deux ſignes , parce qu'il a dit que les conteſtations ſur l'Antimoine avoient fini dans le temps du Decanat de Monſieur de Mauvillain*, ne prendront-ils jamais le bon ſens des choſes que l'on avance, & ne pourront-ils jamais corriger la depravation de leurs idées, n'eſt il pas intervenu Arreſt du Parlement & du Conſeil, dans le temps des conteſtations ſurvenuës dans la Faculté de Theologie , pour certains points de Doctrine qui partageoient avec chaleur les ſentimens des Docteurs, & qui pouvoient ſans ces autoritez ſupremes exciter une eſpece de ſedition ſcolaſtique; je voudrois à ces eſpeces d'aveugles nés en Medecine demãder encor une fois leurs ſentimens & leurs péſées ſur un Arreſt qui pourroit intervenir (par exemple) ſur une requeſte de tous ; ou la plus grande partie des Ca-

pucins

pucins, tendante à demander main-
forte, & se faire authoriser pour re-
duire non pas quelques Docteurs
d'entr'eux, mais quelques Licentiez
égarez de la voye reguliere ; con-
cluroient-ils, comme ils ont fait, ces
Philosophes adulterins, qu'un Arrest
dans un tel rencontre fut inutil ou ri-
dicule , & soûtiendroient ils encor
par raillerie sa necessité absoluë pour
faire observer la regle de Saint François, s'agiroit-il du salut de tout l'Or-
dre, parce qu'il auroit esté indispen-
sablement necessaire de l'obtenir
pour reprimer les passes libertez de
quelques particuliers Religieux qui
chercheroient directement ou indi-
rectement à secoüer le joug de l'O-
beïssance & des austeritez de la Regle ; qu'ils raisonnent aprés cela sur
leur maniere yronique qu'ils ont pretendu faire de l'obtention de l'Arrest
de la Cour sur le chapitre de l'Antimoine , & qu'ils demandent encor
s'il s'agissoit du salut du genre humain : par
cet Arrest, qui seroit obtenu en faveur des Capucins, concluroit-on

au defavantage d'une Compagnie fi vertueufe, fi pieufe & fi bien reglée, cette conduite feroit-elle eftimée extravagante, veu que *fola authoritas eft, quæ cogit ftultos ut ad fapientiam feftinent:* mais difons pluftoft que ces bons Peres fi mal raifonnans, reffemblent bien moins à des yeux de lettrés & à des Philofophes, qu'à ces fcelerats & ces criminels de l'ancienne Rome (*abfit verbo injuria*) lefquels fe mêtans à l'ombre de la Statuë de Cæfar, ou la pouvant embraffer, infultoient impunement tous leurs ennemis, & même ceux qui pouvoient fimplement leur déplaire. Je ne croy pas que ces bons Peres ayent grande peine à faire cette application pour peu qu'il leur refte de fens commun, ils font tous leurs efforts pour intereffer l'Etat dans leurs Caufes, & faire paffer pour une hardieffe puniffable la Replique à leurs impoftures, ils craignent les verges dont on les peut fouëtter; fi l'on eftoit auffi emporté qu'eux, & que l'on ne fçeut pas que *facilius eft voluptati refiftere quam iracundiæ,* comme ils le prouvent par leur procedé, en allant au-devant par derriere, en faisant dire par l'Auteur du Mercure Galand qu'il ne recevra plus de replique contre leurs Réponses, si l'on ne dit son nom, on avoit oublié le domicille & la faculté, comme si cela devoit contribuer à leur donner plus d'esprit & de jugement, parce qu'ils aimeroient mieux dans ce saint temps de Caresme qu'on leur retranchât le saumon frais, la Barbuë & quelques autres bons plats delicats dont ils engraissent si souvent leurs barbes, que de manquer à faire éclater leurs ressentimens & les effets de leur colere.

Vous voyez, Monsieur, jusques à quel point d'aveuglement ces bons Peres poussent leur orgueil en repliquant si foiblement sous leur nom, & sous celuy d'Hermocrate, qui fait la Corneille d'Aristophane, & veut apprendre à l'Aigle à voler; & par dessus tout si vous y ajoutez les circonstances de leurs precautions, pour prevenir l'instruction du public, qui

devroit eftre convaincu de leur ignorance invincible.   S'ils avoient con-
fervé cet efprit avec lequel ils ont
entré dans la Religion, ils ne tombe-
roient pas de fi haut , parce que
humilitas non habet unde cadat; Je veux
pourtant leur témoigner qu'un Medecin a plus de religion qu'eux, en
rendant le bien pour le mal , leur faire connoiftre que les Docteurs de la
Faculté de Paris font trop éclairez
pour s'en tenir aux trois feuls Remedes par eux molieriquement objec-
tez; c'eft pourquoy je fuis d'avis, con-
noiffant l'infolente domination des
acides dans leurs temperamens , &
les mauvais affortimens de leurs parties à vis avec leurs efcrouës, qui ex-
citent de fi bouffantes fermentations
des meteorifmes fi élevez & fi impe-
rieux qu'au lieu du bon vin de Cham-
pagne dont ils arroufent tous les jours
leurs poulmons , qu'ils ufent d'une
ptifane lenitive , anodine & rafraî-
chiffante , avec les yeux d'écrevices,
les plus puiffans Alxali, en diffolution
pour dulcorer, fixer & temperer ces

acides compofez de tant de parties aigues, pointues, tranchantes, qui precipitent fi fort la circulation de leurs efprits volatils, & qui leur cau-fent certaines exultations, certains bâtemens de main, certains treffaillemens de joye, certaines exaltations d'efprit qui les font toûjours raifonner de certaine façon à gauche, & un peu trop parler, ignorans que *lingua parca inter homines Thefaurus eft optimus, multaque gratia illius modefte loquentis.* pour leur faire pratiquer cette verité il faudroit les mettre en cage pour apprendre à parler, non pas *in pace* comme ils le meriteroient bien, n'ayant pas affez de fiel encore moins de rancune contre de tels adverfaires de la Medecine Orthodoxe, lefquels on pourroit foubçonner felon toutes les apparences par la vie qu'ils menent que *delicatius in Chriftum credunt,* puifque *tam ineptè de arte medica fentiunt,* veu que Dieu commande que l'on honore les Medecins, & que l'on refpecte ce grand art qu'il a creé. *Honora Medicum, propter neceffitatem creavit illum Dominus,* finiffons en les invitant de

faire une serieuse reflexion sur l'état
où ils sont s'ils se croyent dans la voye
du salut, & sur la pensée de Seneque
qui leur enseigne encor si sagement
Errat qui in aula quærit amicum.

ALITHON.

RE'PONSE A LA LETTRE
d'Hermocrate.

EXaminons, Monsieur, la secon-
de replique de ces bons Peres
sous le nom d'Hermocrate, aux dé-
pens de vostre patience, qui se trouvera recompensée de sa lecture & de
son attention, si vous voulez vous
constituer Juge équitable & des-in-
teressé de leur critique reprise, &
de tout ce qui se passe entre ces
Peres & moy, par laquelle vous ju-
gerez aisement que tout masquez
qu'ils soient en toutes leurs actions
on ne pût les méconnoître, parce
que leur stile & leurs raisonnemens
ne se démentent point: qui leur est
impossible de prendre un plus bel
effort par la même plume qui les a-
voit voulu faire voler si haut, & les
faire passer pour des prodiges dans
les découvertes de la Medecine.

Hermocrate fait les derniers efforts pour paroistre sçavant homme
d'erudition, qui témoigne avoir

bien fué pour faire un pot pourri de raifonnemens , citer mal à propos des paffages d'Hypocrate & Galien, qui ne font rien au fujet de la Re-plique promife par ces bons Peres (ce que je vous prie de bien remar-quer) d'autant qu'il s'eftend fur des chofes qui n'ont jamais efté mifes en queftion, ny conteftées par mes fen-timens; tout ce qu'il dit eft fi fort hors d'œuvre, qu'eu égard à fon deffein & à fon fujet, on pût-dire que c'eft un franc Galimatias, qui ne prouve rien de ce qu'il avoit à prouver, que méme apres avoir fait chercher tous ces paffages qui ont déja fervi mille-fois en lieux communs contre la Me-decine, il n'en a jamais penetré le vray fens ny entré dans la penfée de ces grands hommes qu'il a allegué, puifqu'il ne comprend leur énoncia-tion qu'au pied de la lettre; ce qui fait connoiftre qu'il n'a jamais fuccé avec le laict la fine Doctrine de ces grands Genies de la Medecine, ce que Hermocrate n'a pourtant pas remarqué eftre abfolument neceffai-

re pour devenir un jour bon Medecin.

Qui doute que de tout temps il
n'y ait eu des sots dans le monde qui
ayent pretendu au bel esprit, que
pour y parvenir selon leur maniere
ils n'ayent raisonné tout de travers,
& pensé tout autrement que les autres pour paroiſtre extraordinaires,
cela ne fait rien au sujet present, ny
au fondement de la replique d'Hermocrate, qui devoit arguer du moins
mille fautes de jugement, de raiſon-
nemens, ou de faits mal circonſtan-
ciez & suppoſez pour faire douter
de leurs veritez. Enfin pour convaincre Hermocrate de peu de bon ſens,
c'eſt qu'il ne trouve pas que l'Auteur
de la Replique aux Capucins ſçache
parler François, & ſur cela ſeul le
traite d'ignorant, ce qui doit faire
conclure qu'il ne ſçait pas l'energie,
encor moins l'application du mot
d'ignorant, lequel ne s'attribue qu'au
défaut de la Doctrine & non-pas à
l'adition puis qu'il y a de tres-ſçavans
hommes qui peuvent parler mal

François ; mais il auroit repris plus juste & plus correctement s'il avoit dit que le langage & l'expression n'ê-toient pas d'une politesse & d'une delicatesse fine & achevée , supposé qu'il eut bien repris. Il n'y a que trois seuls mots qui luy ont déplu & qui luy ont fait trâcher le mot d'ignorant, *une soif implacable* , *la plebecule* , *& halence d'un fumier pourri* , jugés de la litterature d'Hermocrate qui par là se fait plûtôt passer pour Grámairien que pour Phi-losophe, puis qu'il n'aprouve pas cet-te derivaison si juste, *d'Implacable* & si receüe dans l'usage aussi bien que celle de *Plebecule* entre les gens de lettres & dans le Dictionaire Nou-veau de l'Academie ; pour achever la preuve de son esprit hibernique & difficulteux , il ne peut souffrir *l'ha-lence d'un fumier pourri* , parce que sa pe-tite capacité toûjours renfermée au sens litteral ne pût concevoir qu'on puisse dire halene (sans en avoir rédu une seule raison) que de l'air poussé par un animal vivant ne le voulant pas admettre allegoriquement pour tout air en general , pouſſé de quelque maniere que ſe puiſſe eſtre , lequel eſtant rempli (ſelon la penſée de Monſieur l'Abbé Fayol & quelques autres de ſa ſecte tous faiſans profeſ-ſion publique de n'être point Mede-cins) de ces petits corpuſcules groſ-ſiers ou tenués , dont les ſeules figu-res font dans leurs eſprits la puan-teur ou l'odeur agreable , leſquels en voltigeant apres s'être déplacez, vont à la rencontre des uns & des autres pour chercher place dans les organes, & s'acrocher ou décrocher pour faire ces miracles de ſympathie & la veritable ſenſation , juſques à preſent inconnus à tout le monde que par ſes voyes & par ſes expreſſions, debitez & inſinuez à la mode d'Her-mocrate.

Ne me condamnerez vous pas ſur cette Etiquete , moy qui ne ſuis re-pris que pour trois ſeuls mots qui n'ont pas plû au delicat Hermocra-te , parce que la repriſe des autres choſes eſt au-deſſus de la portée & de la penetration de ſon eſprit .

broüillé souvent de vapeurs qui le font aller le galop en toutes choses: donc il passe condamnation pour le reste & demeure tacitement d'accord de la solidité, de la critique de l'Appologie des bons Peres ; neanmoins il est bon de l'instruire & de luy faire entendre que ne s'estant amusé qu'à l'écorce de la chose , il a glissé imprudement & insensiblement le doigt entre le bois & cette écorce , ce qui cause souvent de violens symptomes jusques dans l'esprit , car pour luy prouver plus essentiellement qu'il ne sçait pas luy-méme parler François, que sa delicatesse n'a pas laissé d'enfanter de ces monstres qui luy ont fait peur & irrité son imagination (ce que l'on avoit laissé passer pour s'atacher au raisonnement & n'on à l'addition) il faut en passant luy rafraîchir la memoire qu'en la page 99. de l'Appologie il écrit, *que la vie qui estoit dèja languissante & qui n'envoyoit plus au cervau les esprits qui font le bon sens &c.* Je demanderois à luy-méme s'il n'estoit point à l'article de la mort quand il a efcrit de la forte, car le bon fens, felon fa judiciaire, dépend immediatement de la vie qui envoye les efprits pour le faire , qui eft une pauvreté d'expreffion digne de ce nouveau Academicien, page 121. vous lirez, *excremens Febriles* , qui a jamais ouï parler de cette maniere par des gens qui fe piquent du beau François , & c'eft cette épithete qui peut paffer pour veritable pedantef- que pag. 124. *remedes refrigerans* , cela eft il ufité fi ce-n'eft en ftile burlefque pag. 129. *pouffant quelques naufées qui faifoient paroî- tre l'efficace du remede* , d'autres parlans plus jufte diroient l'efficacité, *qui aprés avoir for- tifié la nature vouloit expulfer l'émetique* , cet expulfer n'eft-il pas bien placé & bien cerceté page 129. *On dira que c'eft du vipere qui eft cru un des plus chauds me- dicamens du monde.* Cette façon de par- ler n'eft-elle pas élegante ? apartient il pas bien aux gens qui parlent ainfi de critiquer la diction des autres, & fe piquer de bien écrire, en difant, *que du Vipere , eft un medicament cru des plus chauds.* page 131. *que nous a aquis ce re- mede , qui quoy qu'il ne foit pas le mefme que*

celuy *des Fievres* , *est pourtant de mesme na-*
ce qui quoy qu'il est d'une expref-
fion fort polie & fort douce.   Si ces
bons. Peres n'avoient naturellement
les oreilles auſsi grandes que la
barbe , pourroient - t . ils fouffrir
une telle xaxophonie , qui ne les
bleffe pas tant que les derivaifons
receuës d'implacable & de, plebecule : peut-eſtre que fi j'avois exa-
miné leurs remedes jufques aux de-
grés de leurs fulphureïtez , & des
demerfions , qu'ils me l'auroient encor réproché comme les autres ; parce qu'ils ne font pas capables de
concevoir qu'il eſt permis aux gens
qui font profeffion d'un art , & de li-
terature , de pouffer leurs expref-
fions en termes fortement fignifica-
tifs , & avec quelques licences qui
paffent la capacité des francs
ignorans : adjoûtez encor , *à ce que*
quoy qu'il ne foit pas de mefme, *eſt pour-*
tant de la mefme nature. Que veulent ils
dire par là, n'eſt-ce pas confirmer
l'épeiffeur de leur intelligence , l'ob-
nubilation de leurs entendemens, &
l'ignorance de la Philofophie, puis

qu'ils prennent les diferences indi-
viduelles pour les essentielles. Apre-
nez donc à parler François Perro-
quets du grand Mogol, à mieux raisonner petits esprits de papier bar-
bouillé, songez à qui vous vous adres-
sez devant que d'écrire. On vous
auroit pardonné aisement ces petits
défauts si vous vous estiez attaché à
répondre solidement, car il faudroit
estre bien esclave des mots, & bien
attaché aux paroles pour n'en laisser
jamais échaper, principalemét quand
on est appliqué à des choses qui em-
portent toute l'attention, & une in-
finité d'autres impropres qui vous fa-
tigueroient & grossiroient trop ce
petit Ouvrage : Donc Messieurs les
petits esprits critiques, qui ne vous
attachez qu'à la bagatelle, vous ne
pouvez comprendre la solide maniere dont on doit répondre par raisonnemens, & vous trouvez que c'est
vous faire une injure que de vous
traiter d'ignorans à fond quand vous
ne reprenez aucun point de Doctrine, qui de consequences mal tirées,

Hermocrate ne vous semble-il pas devoir passer pour un bel esprit & homme de jugement puis qu'il prouve ce que l'on ne luy a point nié, ny mis en question ny contesté, ny combatu, ny tendant à justifier la conduite de ces bons Peres, dans la classe desquels il il ne veut pas entrer ny estre estimé petri de la même farine ; il est si chatoüilleux sur la comparaison, qu'il ne la pût souffrir sans cela. De quoy qu'il soit le protecteur & le deffenseur de ces bons Peres, qui ne sont pas plus Medecins que luy, & que l'on pût plus asseurement appeller garçons Apoticaires que l'Auteur de la Replique à l'Apologie, puis qu'ils ne s'employent & ne travaillent que de la main comme les Apoticaires, qui sçavent ordinairement quelques Operations de Chimie : Pourquoy Hermocrate pretendra-il se distinguer des Rabel, Sanguin, l'Abbé Gendron ce grand guerisseur de Cancers, & autres dont on donnera au premier jour la Liste & la conduite au public, qui tous se peuvent identifier en qualité de Medecins heretiques, puis qu'ils n'ont jamais eu aucune teinture de la bonne Medecine ; si Hermocrate se persuade de mieux raisonner que les autres, parce qu'il a mieux dérobé quelques tripes de Medecine , il ne s'ensuit pas qu'il en soit plus sçavant , sa petite lumiere paroîtra toûjours empruntée de costé, & de de quelques conversations de veritables Docteurs, ou de quelques lectures passageres de bons Auteurs , dont il depravera toute sa vie les sentimens , parce que la Paidomatie qu'il avoit ignoré ou qu'il n'avoit pas entendu qui est dans l'Hypocrate au méme endroit que le φύσις absolument si necessaire pour faire un veritable Medecin ne se sont jamais rencontrez ensemble en sa personne , ce qui fait qu'il decide comme ceux dont parle Theucidide qui n'ayant qu'une superficielle connoissance d'une science, sont bien plus éfrontez que ceux qui s'y sont appli- quez toute leur vie pour en penetrer le fond.

L'on n'a jamais douté que le détail
de la pratique & la guerifon indivi-
duelle qui dépend bien fouvent de
cette idiofincrafie fi difficile à dé-
couvrir jufte n'ayent efté fautives;
mais on n'a jamais revoqué en doute
que les principes de la Medecine,
& fes grandes & generales maximes
n'ayent efté infaillibles; l'on ne dif-
convient point que l'homme le plus
éclairé n'ignore bien des chofes,
puifque dans toutes les fciences les
plus élevées la Providence y a mis
des bornes, pour rabatre l'orgueil
naturel de l'homme qui pretend penetrer intimement toutes chofes, &
que rien n'eft capable de remplir la
capacité & l'activité de fon genie,
ny fufpendre l'impetuofité de fes
defirs; qu'il examine dans la Theologie la Trinité, dans la Philofophie
le Flux & Reflux de la Mer, dans la
Medecine les Fiévres Intermitten-
tes, dans l'Aftrologie tant de diffe-
rens Siftemes fur le mouvement des
Cieux & des Planetes. Apres cela
je demanderois à Hermocrate, fi

pour ignorer toutes ces chofes en particulier on en eft moins habil dans le refte, s'il fera toûjours perfuadé de fon grand merite & d'avoir dit de bellés chofes & fort doctes, nouvellement inventées par fon efprit, lors qu'il raporte un lieu commun mis au jour mille-fois devant qu'il fût né, & qu'il a tiré par les cheveux pour les forcer d'entrer dans fa Replique, qui marque bien qu'il a fait divorce avec le bon fens & la Philofophie, avec lefquels toutes les apparences font qu'il ne fe racommodera jamais, d'autât plus que le bel efprit auquel il pretend, eft l'effet d'un temperament moins fingulier & plus heureux que le fien; les qualitez d'un bel efprit font les effets d'une tefte bien faite, bien proportionnée, d'un cerveau bien temperé & rempli d'une fubftance delicate, d'une bile ardante & lumineufe, fixée par la mélancolie & adoucie par le fang; la bile donne un brillant & la penetration, la mélancholie donne le bon fens & la folidité, le fang donne l'agreé-

ment & la delicatesse : Sur ce por-
trait qu'Hermocrate prenne le mi-
roir, il ne verra jamais sa figure con-
forme à tous ces traits que je viens
de tracer ; mais il se trouvera plûtost
semblable d'esprit & d'humeur à
ceux qui du temps de Ciceron, ju-
geoient du merite des grands hommes, comme il fait aujourd'huy avec
le méme discernement ; car dans ce
temps-là vivoit un certain Farseur-
Roscius, lequel avoit ses Partisans
tellement entestez de luy , & tournés
à peu prez sur le moule d'Hermocrate , qui veut decider d'une maniere toute heteroclite sur la Medecine
pour faire balancer les esprits de ce
temps, comme faisoient autre . fois
les Romains stupides sur la delicatef-
se & la neteté dês expressions de Ciceron , pour donner la préference
aux railleries & gestes ridicules de
l'autre ; tant il est vray que dans cha-
que Siécle les mauvais goust d'esprit,
& la foiblesse des jugemens ont eu
des retours, que les Charlatans, les
Fourbes, les Ignorans, en un mot les

Tar-

Tartufes ont trouvé toûjours leurs
Duppes ; n'estes-vous point fatigué
d'entendre incessament bourdoner à
vos oreilles des Moines, des Ab-
bez, des Chevaliers, jusques méme
à des Evéques, qui tous veulent faire
les Medecins, ou du moins Gens à
belles découvertes dans un Art dont
ils n'ont pas connu les premiers Ele-
mens. Finissons & laissons là Hermocrate raisonner à sa mode, il diverti-
ra en écrivant, plus que vous ne pen-
sez, les gens d'esprit comme vous,
à qui je suis.

ALITHON.